LA CARAVANE.

LE PROTECTORAT DE LA FRANCE EN ORIENT

I

L'histoire de la formation et du développement du protectorat de la France sur les catholiques d'Orient n'a été écrite jusqu'ici que d'une manière synthétique et résumée, sans entrer dans les détails des faits (1). Les nombreux auteurs, français et étrangers, auxquels on doit des travaux sur les Lieux Saints, par exemple — et il en est de grande valeur, comme le duc de Luynes, Guérin, Charmes, Couder, Ebers — n'ont touché qu'incidemment à cette question, qui est pourtant d'un puissant intérêt, car elle se rattache intimement à l'évolution de notre génie et de nos idées, à l'expansion de notre influence et à cette œuvre de civilisation que nous avons poursuivie à travers les siècles.

L'Orient chrétien a été, dès le moyen âge, l'objet de notre plus ardente sollicitude. Pour l'arracher aux musulmans, la fleur de notre chevalerie, preux, barons, seigneurs, se dévouèrent. On les vit, sous l'étendard de la foi, s'associant aux croisades, donner de si magnifiques témoignages de leur loyauté et de leur bravoure qu'ils rendirent le nom de la France populaire et vénéré dans les pays du Levant. Nos Hugues de Vermandois, Raymond de Toulouse, Robert de Normandie, furent à l'avant-garde des vaillants de la première heure qui conquirent Nicée, Antioche, Jérusa-

(1) Voir : *la France chrétienne dans l'histoire* (Paris-Didot). — César Famin, *le protectorat de France en Orient.* — Nonce Rocca, *la France en Orient depuis les rois francs jusqu'à nos jours.* — Gabriel Charmes, *Voyage en Palestine* et *Voyage en Syrie.* — Karper (H. A.) *Walk in Palestine* (1890).

lem. Notre Bernard de Clairvaux prêcha la seconde levée d'armes contre le Croissant et fit sortir des châteaux et des chaumières de France les milliers de combattants qui partirent, la croix sur la poitrine, sous la conduite de Louis VII. Le fils de ce roi, notre Philippe-Auguste, ne fut pas moins illustre par les défaites qu'il infligea au sultan Saladin. C'est aussi dans nos villes et nos villages, au cœur de nos populations, que le pape Innocent III, suscitant de nouveaux défenseurs du Saint Sépulcre, trouva le plus d'échos à sa voix. Notre Louis IX, enfin, ajoutant à la couronne du martyre l'auréole de la sainteté, s'offrit en sacrifice pour réaliser le sublime idéal de la chrétienté d'Occident, et, s'il échoua dans ses deux expéditions, il laissa néanmoins dans l'Orient, où il mourut, une renommée de grandeur que les âges n'ont pas fait pâlir.

Si, plus tard, quand la diplomatie est plus forte que le glaive, les Valois adoptent une politique différente de celle qui avait guidé leurs prédécesseurs, ils ne cessent point de prendre sous leur égide les chrétiens du Levant et des Lieux Saints, voyageurs, commerçants, missionnaires, et ils revendiquent avec zèle ce titre de « Roi très chrétien, » qui leur impose surtout des devoirs. Du dernier de ces Valois, François Ier, datent ces célèbres *Capitulations* qui constituent le fondement de nos droits de protectorat sur les catholiques de l'empire ottoman. Signées en 1535 par notre ambassadeur Jean, sire de la Forêt, elles devinrent le contrat et l'instrument qui lièrent le Commandeur des Croyants. Toutes les conventions faites dans la suite sous Henri IV (représenté par Savary de Brèves en 1604), sous Louis XIV (agissant par le marquis de Noirtel en 1672), etc., ne firent que sanctionner l'autorité de notre influence en Orient et y augmenter notre prestige.

« Quiconque, dit un écrivain d'une très haute compétence, se recommande du roi de France dans les domaines du « Grand Seigneur » est assuré de n'y être molesté ni dans sa personne ni dans ses biens et de pouvoir pratiquer librement sa religion. Concédée par la Sublime Porte, la protection du roi de France est accueillie comme un bienfait non seulement par les religieux et les commerçants, mais aussi par ces petits peuples qui, en Europe, en Asie Mineure ou en Syrie ont conservé la foi catholique comme un héritage patriotique et comme la sauvegarde de leur nationalité. Que les rois « francs », fils de saint Louis, soient leurs patrons, les nations levantines le trouvent tout naturel : elles recourent volontiers à ces protecteurs en qui l'histoire et les traditions leur ont appris à espérer (1). »

Le rôle de la France dans l'Orient chrétien, et principalement dans les États où peut naître un conflit entre musulmans et fidèles du Christ, est donc affirmé et légitimé par l'exercice de prérogatives jusqu'à ce jour incontestées et qui depuis quatre siècles sont restées en vigueur sans qu'aucune protestation effective se soit élevée contre elles. Tous les régimes qui se sont succédé chez nous au cours de ces quatre cent soixante-trois ans, quelle qu'en ait d'ailleurs été la forme : monarchie absolue, révolution, république, empire, monarchie constitutionnelle, démocratie parlementaire, se sont accordés sur la nécessité de maintenir cette situation avantageuse pour nous et bienfaisante pour les autres. Et telle a été l'unanimité des opinions à cet égard que le Comité du Salut public lui-même,

(1) Voir *Revue des Deux Mondes*, 1er septembre 1898.

qui envoyait à l'échafaud les prêtres et proscrivait le culte catholique, intimait à l'envoyé de la France à Constantinople l'ordre d'assister aux cérémonies religieuses et d'y observer l'attitude recueillie des représentants de l'ancienne monarchie, « car les rapports de cette espèce, établis par la nature même, sont au-dessus des variations de gouvernement. »

Napoléon Ier ne pensait pas autrement, et Napoléon III, en intervenant dans les affaires du Liban en 1861 pour châtier les Druses, ne fit qu'accentuer notre mission protectrice dans l'Orient chrétien.

Jusqu'au commencement du dix-huitième siècle la France avait du reste été seule à jouir officiellement de l'exterritorialité, qui ne se confond pas avec ses droits concédés par les Capitulations, mais qui en est, pour ce qui concerne les nationaux français, un corollaire. On sait quelles sont la signification et la portée de l'exterritorialité. Elle soustrait à la juridiction du pays qu'ils habitent les étrangers pour ne les faire ressortir en toute poursuite devant les tribunaux, même au criminel, qu'à leur statut personnel, en d'autres termes, pour ne les rendre justiciables que des lois de leur propre nation. En Europe, l'exterritorialité n'est accordée qu'aux souverains régnants et à leurs représentants, ambassadeurs, envoyés, etc. Il n'en est pas de même en Turquie. Dans l'empire ottoman, en vertu des Capitulations, tous les « Francs » peuvent exciper de l'exterritorialité. Les gouvernements européens ont de bonne heure jugé nécessaire d'abriter sous des garanties leurs nationaux établis dans les États du sultan, où règnent une religion et un Code tout à fait différents des dogmes ou de la législation de l'Europe. La convention de 1535 entre François Ier et le sultan Soliman, corroborée par celle de Henri IV avec le sultan Ashmed, par celle de Louis XIV avec le sultan Mehemet, et par celle de Louis XV (1740), que de Vergennes représentait à Constantinople, a force de loi à cet égard. L'Angleterre, l'Autriche, la Russie, la Hollande, obtinrent des conditions analogues. (Traité de Passarowitz en 1718, de Sistow en 1794, etc.) Les États-Unis revendiquèrent la même situation en 1830 et l'accord à ce sujet fut promulgué le 4 février 1832.

Il importe toutefois de faire remarquer que, dans toutes ces concessions d'exterritorialité réclamées ou exigées de la Turquie, celle-ci assimile tous les bénéficiaires du privilège aux Francs, comme le dit le contexte même de l'acte turco-américain : « *following in this respect the usage observed towards other Francs* » (suivant à ce sujet l'usage observé envers *les autres Francs*).

Ajoutons que l'exterritorialité ne va pas au delà de ce qui concerne la juridiction. Les Capitulations, au contraire, donnaient en outre à la France dans le commerce du Levant une situation de faveur. C'est ainsi qu'à la fin du dix-huitième siècle les négociants français de Smyrne, qui comptaient vingt-neuf grandes maisons et beaucoup de petites, tenaient dans leurs mains plus de 40 pour 100 du total des affaires commerciales. Ils n'écoulaient que des produits français et monopolisaient dans le Levant tout le commerce d'exportation pour la France.

Hélas ! ce monopole n'est plus. Dans le Levant comme ailleurs, les Français — il faut bien le reconnaître — n'ont pas su profiter de leurs admirables avantages. Des rivalités, de faux calculs, des idées routinières, des méthodes fatales ont amené progressivement la décadence de notre influence et, chose pire, le relèvement de l'influence étrangère dans toutes les transactions. Les Hollandais et les Anglais nous ont peu à peu évincés. Ensuite sont venus les Allemands, qui ont répandu partout les produits de leurs industries avec ténacité.

II

Or, ce qui s'est passé dans le domaine économique nous menace aujourd'hui dans le domaine moral. religieux et politique. « Au temps du Grand Roi, dit encore l'historien cité plus haut, la France était la plus puissante des nations catholiques, la seule qui dans les mers orientales montrât son pavillon et fît craindre ses canons ; les galères du Roi Très Chrétien voguaient dans toute la Méditerranée, y faisaient la police sans rencontrer de rivaux ; la tutelle des chrétiens ne pouvait appartenir qu'à la France. puisqu'elle avait seule la force matérielle de les protéger. Au dix-neuvième siècle les circonstances ont changé : l'Angleterre, l'Allemagne, la Russie, l'Italie, l'Autriche, ont des escadres dans la Méditerranée, des ambassadeurs à Constantinople, des canons, des soldats. Si la France ne veille pas jalousement sur ses privilèges, si elle cesse de les légitimer par l'importance de ses services, nul doute que, malgré tous les textes, la nationalisation des missions ne finisse par se faire à notre plus grand préjudice. C'est le vœu et le but de tous nos rivaux. Toujours aux aguets, surveillant notre politique, ils épient nos défaillances et escomptent nos erreurs. Ils voudraient pouvoir dire, ils disent déjà que c'est la France elle-même qui renonce à ses antiques prérogatives. Arguant de la circulaire de 1888 qui ordonne de respecter notre protectorat là où il est en vigueur, ils cherchent les points où nous aurions l'exercice effectif de notre fonction. »

C'est évidemment pour faire le levé topographique de ces points faibles ou imprudemment oubliés, négligés, pour essayer de contre-balancer notre protectorat et y substistuer le sien, que l'empereur d'Allemagne Guillaume II a entrepris ce voyage en Terre Sainte, préparé avec ostentation, et accompli avec faste, afin d'agir par l'éclat de la pompe sur l'esprit des Orientaux Il y a près de huit siècles, un autre souverain impérial allemand, Frédéric II, contraignit le sultan à lui faire l'abandon de Jérusalem et des Lieux Saints. Il posa lui-même sur sa tête la couronne de Godefroy de Bouillon ; mais, lorsqu'il voulut faire hommage au Saint Siège de la Palestine reconquise, le pape Grégoire IX, qui l'avait déjà anathématisé, repoussa toutes ses offres, et le but du fils de Henri VI ne fut pas atteint. L'Allemagne, rêvant d'être la protectrice de la chrétienté, se vit déçue dans ses espérances. Le même rêve hante aujourd'hui l'héritier des Hohenzollern comme il hantait les Hohenstaufen. Mais à ce rêve se marie un plan précis de tactique politique. Guillaume II n'est pas allé à Jérusalem en pèlerin. Il vise à prendre dans le Levant la place que saint Louis, François Ier, Richelieu, Louis XIV et Napoléon avaient assurée à la France. Au vrai, cette manœuvre du *Kaiser* n'a trompé personne. Aussi faut-il espérer que la France sera assez consciente de ses intérêts, assez vigilante pour que l'impérial élève de Bismarck soit convaincu de l'inanité de ses desseins et de la ferme résolution de notre gouvernement d'y mettre obstacle.

Charles Simond.

MARCHANDS JUIFS.

EN PALESTINE

I

Par un heureux et lumineux matin nous gagnons à cheval à travers le long faubourg de Damas la porte du Pèlerinage, la Bawâbet Allah. Les chrétiens du faubourg, qui viennent puiser l'eau aux fontaines à grilles de fer ouvragé, nous jettent leur souhait de bon voyage jusqu'à la ville sainte. Le chemin serpente durant une heure entre les murs des jardins; à la limite où ils expirent avec le dernier filet d'eau, il se perd brusquement dans une solitude morne et vague, ancien cimetière où des stèles déjetés sortent tristement du sable : c'est le désert qui commence. Longtemps les minarets de Damas dressent leurs têtes curieuses au-dessus de la mer de verdure qui les entoure; puis de légères ondulations de terrain ne nous laissent plus apercevoir que la chaîne bleuâtre du Djebel-Haurân.

Les journées de marche sont monotones dans la plaine nue et

aride. Ici, comme dans la vie de mer, l'esprit ennuyé donne aux moindres incidents des proportions démesurées et un intérêt tout relatif que comprendraient difficilement ceux qui n'ont pas essayé de cette rude préparation aux petites joies du hasard. La rencontre d'un chacal, d'une bande de gazelles, sont les gros événements de l'étape.

Nous mettons deux jours à contourner les âpres contreforts du Djebel-esch-Cheik, le *Vieillard des monts*, nom que les Arabes donnent à l'Hermon. Pas d'horizon, pas un arbre, pas une âme; la lande, puis un pavé de rocher où le soleil réverbéré flambe comme en plein été.

Vers le soir du second jour, le paysage s'humanise et s'étend. Nous descendons par une rampe abrupte, entre des collines boisées de chênes verts et de beaux oliviers, dans un petit village au pied d'un château gothique dont les ruines paraissent considérables; c'est Banias, l'ancienne Césarée de Philippe, à qui les Arabes ont conservé son nom plus antique de *Panéas*, la ville du dieu Pan, adoré dans ce site pittoresque. Un torrent sort en bouillonnant d'une grotte béante à la base d'une gigantesque paroi de rocher, et se cache humblement sous les platanes et les lauriers; c'est le Jourdain, appelé à de si illustres destinées. Le fleuve sacré se forme de trois sources : le Nahr-Hasbeya, qui descend du village de ce nom, au nord de l'Hermon; le Nahr-Leddan, qui se joint bientôt au Nahr-Hasbani, sorti de la caverne dont je viens de parler.

Les eaux se frayent un passage à travers des amas de décombres antiques, des substructions, des colonnes, des cippes et des stèles dédiés au dieu Pan, à ces forces mystérieuses de la nature qui se révélaient aux anciens, ici comme dans le Liban, par ces sources jaillissant d'une muraille de rocher. Le torrent chrétien culbute tout ce vieux monde païen, disparaît profondément sous un admirable fouillis de végétation où l'on entend à peine gronder ses eaux, s'attarde obscurément dans les marécages, où il s'augmente des sources perdues; s'égare un instant dans les lacs et en ressort grand fleuve sous le ciel : image sensible du culte baptisé dans ses flots. Nous le traversons sur une chaussée métamorphosée en aqueduc par l'eau accumulée entre les pierres disjointes : nous avons franchi un peu avant un pont antique et les fossés de la citadelle, dont il ne reste que des substructions de beaux blocs taillés en bossage; les Romains, ces maçons acharnés, ont passé par là.

Je suis sorti un instant pour inspecter notre campement; il présente ce soir un tableau bien pittoresque. Les tentes ont été dressées sur un tertre au bord du torrent, sous de hauts et sombres oliviers; les deux grandes formes blanches se détachent fantastiquement dans l'ombre. Quand une lumière s'éveille dans l'une d'elles, une lueur pâle filtre doucement à travers la cloison et fait penser aux beaux vers d'Alfred de Vigny :

L'œuf d'autruche allumé veille paisiblement,
Des voyageurs voilés intérieure étoile,
Et jette longuement deux ombres sur la toile.

Dans les premiers arbres, des silhouettes noires et immobiles s'appuient sur de longs fusils : ce sont des sentinelles druses que le cheik nous a envoyées pour veiller cette nuit; la contrée commence à être moins sûre, les Bédouins pillards sont à craindre. Une clairière au centre des oliviers laisse voir le ciel constellé de clartés : c'est novembre, le mois des étoiles filantes; sous ces climats ardents, des myriades de bolides se croisent sans interruption dans l'espace et font ruisseler sur nous une pluie d'étincelles d'or qui s'éteignent à l'aube, comme les lumières d'un temple après la fête.

Ce matin, avant de quitter Banias, nous avons fait l'ascension du château qui domine le village et que les Arabes appellent Kalat-es-Sobaïbeh. Bâtie, ruinée, rebâtie et augmentée tour à tour par les Templiers et les Sarrasins, la citadelle de Banias est peut-être une des plus fortes, des mieux conservées et des plus intéressantes de toutes celles dont les croisades avaient couronné les montagnes de Palestine. Il faut une heure et demie pour gravir des pieds et des mains le rude sentier qui mène au nid d'aigle abandonné. Plus d'une fois, nous hésitons à la peine, et nous nous prenons à rougir de notre mollesse en pensant que des Croisés, des hommes de langue franque et de cœur chrétien, ont enlevé d'assaut à plusieurs reprises ces escarpements.

Nous nous asseyons sur le pan de mur le plus élevé, où un admirable panorama nous récompense de nos peines. A nos pieds, très profondément, le Nahr-Banias jaillit du rocher; le fleuve chaste et sacré s'échappe de la grotte dédiée à Pan, où se célébraient les mystères naturalistes du dieu païen, comme en témoignent encore les inscriptions grecques des niches creusées dans le porche. Le torrent, blotti quelque temps sous les roseaux et les sycomores, serpente dans la vallée, qui s'élargit bientôt et forme les marais de l'Ard-el-Huleh. La vaste plaine nue s'étend jusqu'au lac de Huleh, — les eaux de Mérôm de la Bible, — qui la limite à l'horizon. En face de nous, elle se relève au pied d'une chaîne de montagnes qui court vers Saphed : ce sont les monts de Nephthalim, portant Kédès, la ville lévitique. Par delà le lac et ses collines, voici des vapeurs bleues qui montent de la mer de Génésareth, et ces sommets à peine visibles au dernier plan, ce sont déjà les montagnes de Judée. La Terre promise se déroule pour la première fois sous nos yeux dans toute sa majesté.

Il ne faut pas moins d'une journée pour traverser les maremmes de Huleh et atteindre le lac. En sortant de Banias, on contourne

MUR DES PLEURS DES JUIFS (PARTIE OCCIDENTALE DU KARAM).

la colline du Juge, Tell-el-Kadi, petit tertre naturel, d'aspect bizarre et artificiel, où s'élevait Dan, la vieille Laesch sidonienne.

Le fleuve est encaissé dans une coulée basaltique, toute feuillue de platanes et de lauriers-roses, encore en fleur, qui me rappelle vivement les *potami* de la Grèce : il n'y a que de l'eau en

ANGLE NORD-OUEST DE L'ENCEINTE DE JÉRUSALEM.

plus. On le quitte bientôt pour se rapprocher des montagnes, au pied desquelles on marche plusieurs heures, laissant à gauche les marécages de la plaine.

Une erreur de route serait fatale ici; on disparaîtrait vite dans la tourbe humide.

Nous campons à Aïn-Mellaâh, au bord d'une large source, où une tribu de Turcomans entrave ses chevaux devant les tentes de nattes, médiocres voisins qui nous forcent à faire bonne garde la nuit. De là, une heureuse inspiration nous pousse à nous détourner vers l'ouest, au lieu de descendre le fleuve jusqu'au lac de Tibériade, et à gravir les montagnes pour aller coucher à Saphed; la curieuse petite ville est ignorée des voyageurs; aucun ne devrait pourtant l'omettre dans son itinéraire.

Dans le triangle renversé formé par les sommets de deux collines, Saphed surgit tout à coup, fraîche oasis d'oliviers, de figuiers et de vignes, abritant les terrasses de maisons de coquette apparence, le tout enjambant trois monticules et les ravines qui les séparent, et couronné par les ruines d'un vieux château fort. Ce tableau tout fait est majestueusement encadré par les montagnes que nous découvrons derrière au même instant; les lignes des crêtes se coupent et se mêlent comme les hachures mal tracées d'un croquis, en se dégradant à chaque plan par nuances bleues toujours plus douces, depuis l'indigo sombre du Thabor, plus proche de nous, jusqu'à l'azur douteux des dernières montagnes de Samarie. Tout nous est nouveau et surprenant à mesure que nous pénétrons dans la riante petite ville; elle sent, dirait-on, qu'elle doit se faire pardonner son origine obscure (la Bible n'en parle pas) par sa grâce actuelle. Nous arrêtons nos chevaux à une fontaine en pierres blanches, sous de beaux oliviers, en dehors des portes : de jeunes Juives, d'une admirable pureté de type, viennent y puiser l'eau à la chute du jour, soutenant de leurs bras repliés leurs grandes amphores posées sur la tête, drapées dans leurs voiles antiques, dans l'attitude classique et sculpturale des canéphores. C'est la Bible apparue toute vivante et éloquente : les mœurs primitives qu'elle raconte n'ont pas changé; c'est encore à la fontaine qu'on accueille les étrangers, que se racontent les nouvelles et que se font les mariages, comme au temps de Rébecca et d'Éliézer.

Nous nous engageons en suivant le petit ravin dans la ville; nous arrivons sur la grand'place, où viennent se joindre, descendant au flanc des trois monticules, les trois quartiers des musulmans, des juifs et des Algériens. Une tribu est venue s'établir ici de notre colonie d'Afrique, il y a quelque douze ans, à la suite d'une insurrection. Nos tentes sont dressés là; par une coupure qui s'infléchit au sud, une large échappée de vue nous permet d'apercevoir un coin de la mer de Génésareth. Le beau lac révéré dort tranquille entre ses bords escarpés, dans une vasque de rochers aux tons d'or bruni; la nappe bleue enchante le regard, qui finit par s'altérer d'eau comme la gorge dans ces montagnes brûlées de Palestine. Comment faire comprendre à ceux qui n'ont jamais quitté nos pays, gâtés par la verdure, le charme et la bénédiction de l'eau en Orient.

Assis devant la tente, nous suivons avec un vif intérêt le mouvement de la place, très considérable pour un petit bourg arabe perdu dans ces déserts, et très varié par le mélange de la population. Les Juifs, bizarres et malpropres dans leurs souquenilles européennes, croisent humblement le Bédouin, aussi misérable et aussi sale, mais qui du moins marche fièrement, la tête haute. Les cheiks algériens, les soldats du *mutésellim* turc, passent au galop sur de beaux chevaux, — et toujours la procession des canéphores aux voiles blancs, qui vont des fontaines aux maisons. Devant les portes, dans de petits fours coniques en terre battue, d'un à deux pieds de haut, les ménagères font cuire sous la cendre la galette plate, sans levain, de farine d'orge. C'est le pain rudimentaire qu'on mange ici depuis les patriarches. Abraham recevant les anges disait à Sarah : « Fais cuire des galettes sous la cendre. » Chaque maison est coquettement blottie sous un olivier ou un caroubier planté à l'angle de la terrasse. Elle nous restera comme une des plus agréables surprises de nos voyages, l'apparition de cette ville gracieuse, que le poète du *Cantique* eût comparée à un chevreau gambadant sur toutes ses collines et dans tous ses ravins.

Nous sommes descendus de Saphed au bord du lac par une succession de plateaux sans intérêt. Vue d'en bas, la jolie ville pyramide sur la hauteur avec je ne sais quelle grâce altière et aérienne qui a conduit tout naturellement les rabbins de Tibériade à l'identifier avec la nouvelle Sion, la cité céleste promise par le Voyant, qui brillera sur la montagne à la fin des jours. Sur les pentes que nous laissons à notre gauche, de nombreuses ouvertures, anciennes caves sépulcrales, trouent le rocher; c'étaient les tombeaux déserts où habitaient les « possédés » de l'Évangile : aujourd'hui les bandes de pillards qui désolent la plaine s'y réfugient quand l'autorité turque, bien nominale dans ces contrées, tente une démonstration quelconque pour nettoyer le pays.

Nous rejoignons le lac au hameau d'El-Mejdel, l'ancienne Magdala, la patrie de Marie la Repentie. Nous côtoyons pendant une heure la grève caillouteuse, calme et triste entre ses falaises de rochers sans végétation; au tournant d'un promontoire apparaît l'enceinte de murailles, flanquée de grosses tours, ponctuée par des minarets et des stipes de palmiers, où Cheik-Daher enferma au siècle dernier la petite ville de Tabarieh, corruption arabe du nom de *Tibériade*. C'était un terrible homme que ce Daher. Issu de la puissante tribu des Beni-Ziadneh, il s'était allié aux Druses de la Montagne, et avait pris à sa solde des aventuriers de toute race, Égyptiens Arnautes, Grecs renégats. A la tête de ces forces il se tailla un petit royaume qui s'étendait d'Acre à Tibériade et le maintint durant un demi-siècle, avec des alternatives diverses, contre les lieutenants de la Porte. A quatre-vingt-dix ans, il combattait encore à la tête des cavaliers druses. Enfin, traqué par les mameluks, abandonné et vendu aux Turcs par ses fils, ce roi Lear du désert tomba dans une embuscade de son rival, Djezzâr Pacha : celui-ci, pour justifier le surnom de Boucher qu'il avait mérité, trancha la tête du vieux rebelle et la fit saler pour l'envoyer à Constantinople.

Le tremblement de terre de 1837 n'a laissé debout à Tibériade que quelques masures où des Juifs attendent le Messie dans des cloaques peu faits pour l'attirer. Des chrétiens grecs et une douzaine de Latins y ont une petite église desservie par un franciscain de la mission de Nazareth. Tout cela est bien peu de chose, et pourtant l'effet général de la ville et des murs, venant mourir dans les vagues de cette belle mer de Génésareth, rayonnante de lumière, solitaire et silencieuse dans sa ceinture de montagnes, est ravissant.

Ce tiède bassin, ces vallées fertiles, abritées de toutes parts, maintenues par la masse d'eau à une température égale, devraient être le jardin de la Syrie. De beaux palmiers égayent par endroits les misérables rues de la bourgade, et nous voyons dans l'enclos du moine italien des bananiers chargés de fruits : le moindre effort serait ici récompensé par tous les trésors d'une terre impatiente de produire; mais nul ne s'inquiète de le tenter. Dans la ville, aucune apparence de commerce, même le plus élémentaire, en dehors des denrées premières.

Deux barques exploitent seules aujourd'hui ce lac si poissonneux; les successeurs de Pierre et d'André les poussent à l'eau demi-nus, comme c'était l'usage des pêcheurs d'après l'Évangile : *præcinxit se quia erat nudus*. Nous en avons affrété une pour aller à la recherche de Capharnaüm. J'aurais voulu faire le tour entier du lac, qui mesure en chiffres ronds 20 kilomètres de long sur 10 de large; mais il faudrait trois ou quatre jours pour en venir à bout avec les moyens nautiques désespérants dont nous sommes en possession. Nous nous abritons tant bien que mal à l'arrière de la lourde barque, sous un soleil de plomb, sans un souffle d'air pour soulever la voile : à l'avant, deux Arabes battent l'eau nonchalamment avec deux rames informes, en rythmant leurs mouvements sur ce chant traînant et cadencé dont tous les Orientaux s'accompagnent dans les travaux pénibles : aujourd'hui encore le manœuvre syrien et le fellah d'Égypte soulèvent les pierres avec la même gamme plaintive qui encourageait les captifs de Babylone ou de Memphis bâtissant les tours et les pyramides.

Nous mettons plusieurs mortelles heures pour remonter au nord jusqu'à l'endroit où le Jourdain tombe dans la mer de Galilée en tournant une large barre, formée par les atterrissements de sable. De là nous longeons la rive nord-ouest en revenant vers El-Mej-

HÉBRON.

del. Les gens du pays montrent à Tell-Houm l'emplacement de Capharnaüm ; ainsi le veut la tradition.

Si vraiment Tell-Houm est l'emplacement où s'éleva Capharnaüm,

« la ville exaltée jusqu'au ciel, » quel contraste aujourd'hui! Sur la grève déserte, parmi les roseaux, une douzaine de tentes noires, habitées par des Bédouins fellahins, rampent à demi enfouies sous le fumier des troupeaux. Ces nomades, les plus misérables que nous ayons vus, viennent nous contempler de la plage en nous assourdissant de l'éternel refrain de la mendicité orientale, *bakchich, bakchich!* Les enfants sont nus comme la main, les femmes à peine vêtues de haillons innomés, les hommes assis autour d'une longue lance fichée en terre devant la tente du cheik; tous portent les stigmates dégoûtants de la malpropreté, de la misère volontaire et de l'abrutissement. — *V tibi, Chorozaïn!*

La terre maudite refuse désormais de porter des cités et des fruits; le silence et la solitude se sont faits pour les siècles sur la mer de Génésareth ; aucun bruit humain ne saurait plus les troubler, rien n'y viendra distraire la méditation du passant, hormis le grondement de la houle aux jours d'orage, demeuré comme un écho de l'anathème. — *Væ tibi, Bethsaïda!*

II

Nous disons adieu pour quelque temps au Jourdain, que nous retrouverons à son embouchure dans la mer Morte, et nous prenons notre route à l'ouest pour gagner Nazareth, le Carmel et la mer. On s'élève par des plateaux superposés au-dessus du lac; le dernier, celui de Kouroun-Hattin, est le champ de bataille où Saladin remporta sur l'armée chrétienne, commandée par Guy de Lusignan, en 1187, la victoire décisive qui mit entre ses mains Jérusalem et toute la Palestine.

Peu après, d'El-Lubbieh, vieux khan en ruine et de fort grand air néanmoins, bâti au seizième siècle pour abriter les marchands qui venaient d'Égypte à Damas, on gagne le pied du Thabor, qui surgit au-dessus de la plaine d'Esdrelon comme un gigantesque autel. Un chemin en lacets, pavé de grandes dalles qui trahissent le ciseau romain, conduit en une heure sur la plate-forme, partagée entre les couvents des deux familles chrétiennes, grecque et latine. Du Thabor, en pressant le pas des chevaux à travers des oudulations de terrain boisées et presque riantes, comparées aux massifs de la Galilée septentrionale, on peut arriver le soir même à Nazareth. Les premières maisons apparaissent dans un pli de terrain, appendues au flanc de leur colline comme des grappes de saxifrage. Je remarque de nouveau ce curieux effet d'optique des villes arabes, dont les terrasses et les murs gris se confondent si bien avec la couleur naturelle du sol qu'on en approche souvent sans les voir. — Nazareth est cependant la bourgade la plus propre et la mieux bâtie que nous ayons rencontrée. Les établissements religieux européens lui donnent une physionomie aisée et considérable.

Nous campons à l'entrée de la ville, sous les oliviers près de la fontaine. Après la visite des sanctuaires consacrés par de pieuses légendes, c'est à cette fontaine en pierres sèches, où les femmes viennent puiser l'eau, que je vais m'asseoir de préférence. Ici, comme partout en Palestine, c'est dans la physionomie générale des lieux, dans les immuables coutumes locales, qu'il faut rechercher les linéaments propres à reconstituer et à faire mieux comprendre le cadre du récit évangélique. Les sources ne changent pas de place, et avec elles les traditions ne risquent pas de s'égarer. Leur rareté, leur importance capitale dans les habitudes de l'Orient, en font les témoins naturels de tous les événements marquants dans la vie de la cité. Lisez la Bible d'un bout à l'autre : tous les établissements primitifs, toutes les scènes patriarcales, viennent se grouper autour d'un puits ou d'une fontaine dont on suit parfois l'histoire à travers les siècles, et qui est aujourd'hui encore le rendez-vous du village arabe, le seul lien assez fort pour rattacher des agglomérations toujours éphémères en dehors de lui : le moindre filet d'eau est un patrimoine que se transmettent précieusement les races et les générations successives, et en même temps le seul dépositaire certain de leurs archives élémentaires. Ici, sans aucun doute, Marie venait chaque matin, une jarre gracieusement posée sur la tête, comme ces belles jeunes filles qui passent devant moi; elle portait leur costume, la longue chemise blanche ouverte sur la poitrine, parlait une langue voisine de la leur et avait les traits de quelqu'une d'entre elles. Ainsi, à regarder le sol où elles sont nées, les touchantes histoires enseignées à notre enfance ressuscitent dans toute leur vigoureuse réalité.

On sort de Nazareth par l'étroite crête de la montagne d'où les compatriotes de Jésus voulurent le précipiter; des pentes boisées de chênes verts, d'où l'on commence à voir la mer, conduisent dans les vallées latérales qui prolongent la plaine d'Esdrelon du côté du nord. Elles sont arrosées par le Kison, rivière respectable, pourvue d'eau, que nous passons à gué pour gagner le pied des montagnes du Carmel jusqu'à Caïpha, l'antique Sycamidum des Phéniciens. La ville est insignifiante et a l'aspect de tout petit port du Levant; mais la végétation tropicale qui l'entoure nous charme par sa nouveauté. C'est le point de la côte où les palmiers commencent à se hasarder en nombre pour descendre en augmentant toujours jusqu'aux forêts de Gaza. Tout le long de la plage, les beaux arbres dressent leurs stipes élancés, sur lesquels le vent de la mer fouette bruyamment les bouquets de palmes; des figuiers, encore parés de leurs feuilles sous ce doux climat, des orangers, des nopals, se pressent à leurs pieds; les pépinières de grenadiers qui mêlent leurs têtes jaunes aux blanches forêts d'oliviers donnent çà et là à la campagne l'apparence d'un échiquier d'or et d'argent. En face de Caïpha, de l'autre côté du golfe qui échancre profondément les terres, Saint-Jean-d'Acre sort de l'eau comme une tache brillante, tout rempli des souvenirs de l'héroïsme français, de saint Louis-Bonaparte.

PAYSAGE DE JUDÉE.

QUARTIER VOISIN DE LA MOSQUÉE D'OMAR.

Un chemin taillé en corniche au-dessus de la mer, dans la roche calcaire blanchâtre et friable dont sont formées toutes ces montagnes, nous conduit en une demi-heure sur la pointe du promontoire où est bâti le couvent du Carmel, gros cube de maçonnerie solide et ramassé sous le dôme de son église, aux façons de château fort avec ses mâchicoulis saillants, ses petites fenêtres grillées de barreaux de fer. Les Carmes déchaux qui l'habitent sont tous Italiens : le supérieur nous reçoit avec une cordialité parfaite et nous offre un gîte. — Le couvent est adossé aux dernières pentes du Carmel, sur un roc élevé de plusieurs centaines de pieds audessus de l'abîme. A droite, la vue s'étend sur le golfe, animé par les deux villes opposées de Caïpha et de Saint-Jean-d'Acre, sur les montagnes de Nazareth à Tyr ; à l'arrière-plan, les sommets chauves et dorés de l'Hermon et de l'Anti-Liban dominent la scène. — A nos pieds, devant nous, à notre gauche, la pleine mer.

Avec quelle majesté le soleil s'est couché sur ce site merveilleux! Au moment où il descend dans les flots, tous les détails de ce panorama : ville, golfe, mer, cimes dénudées, se colorent de teintes roses et vermeilles ; puis, à l'instant précis où l'astre a disparu, pendant le court crépuscule de ces contrées, les hautes crêtes se noient dans un gris doux, tandis que les villes, les brèches calcaires de la montagne, les échancrures de la côte, reprennent pour quelques minutes leur couleur blanche sur le bleu de la nappe d'eau. Après l'heure rose, l'heure blanche.

La nuit se fait, solennelle et imposante, sur la montagne biblique. Dans le cloître, le bruit des vagues monte jusqu'à nous. Entendu à ces hauteurs, il produit un effet singulier. C'est une basse continue, sourde et frémissante, comme la chute d'une cascade lointaine, comme le fracas de milliers de chars passant à distance. Le vent, qui ne cesse jamais de battre ces rochers, qu'il souffle de la terre ou du large, mêle sa note à celle des flots. L'air et les eaux parlent seuls là où les prophètes se sont tus : ces deux grandes voix de Dieu sont plus mystérieuses et plus vénérables encore que les oracles d'Élisée. Nous les écoutons longtemps dans une extase recueillie, appuyés aux grilles de la fenêtre, regardant devant nous cette sombre et sonore immensité ; l'infini vu à travers des barreaux de prison, n'est-ce pas l'acte de toute notre vie ?

Partis ce matin du petit jour du Carmel, nous avons marché jusqu'à minuit pour traverser la longue et monotone plaine d'Esdrelon. Au printemps, nous dit-on, elle se couvre d'un tapis de verdure et retrouve sa grâce sous la parure des fleurs sauvages : les cyclamens, les lis, les jacinthes et les saponaires ; mais à cette époque « la fleur du Carmel est desséchée », rien ne vient distraire ou reposer l'œil dans cette vaste étendue de champs pelés aux teintes ocreuses, où se meurent les tiges roussâtres des chardons. Quelques Bédouins, agriculteurs ou pasteurs, suivant la saison, cultivent la plaine par endroits et y font pousser un peu de sésame. La maigre récolte est portée à Caïpha par de longues files de chameaux, « animaux difformes, gibbeux et onérifères, » au dire du bon frère Faber.

Le rencontre de ces caravanes est aujourd'hui le seul incident de notre route. Je ne sais rien de gauche comme les silhouettes de ces grandes bêtes, vues de profil sur les lointains de l'horizon : on dirait les arches d'un pont ambulant. Ils se suivent sur une seule file, par troupes de quinze, vingt ou trente, séparés par des intervalles égaux, reliés les uns aux autres par une corde qui étreint leur mufle et agitant une clochette ; un petit âne les conduit, très important et très affairé. Le chameau de Syrie n'a pas la haute taille, les formes étoffées, le poil fourni, tirant sur le brun noir, de celui d'Asie Mineure : il est généralement étriqué, pelé, calleux, d'un roux blanchâtre ; mais gardons-nous de le mépriser : c'est le philosophe des animaux. On le croit inepte, il n'est que résigné. Il a reconnu l'inutilité des révoltes ; soumis à sa rude condition, il dédaigne les emportements stupides du cheval, l'entêtement stérile de l'âne. Il marche insouciamment, tirant sa grande langue, imprimant ses sabots dans le sable de la plaine ou les dalles friables de la montagne, reflétant dans son œil doux et contemplatif l'éternelle uniformité du désert. Il sait l'inanité des désespoirs et des colères contre la fatalité, qui est la plus forte ; il la porte avec patience et courage, économisant ainsi des coups et des fatigues de surcroît.

Le chemin serre de près la chaîne qui rattache le Carmel aux monts de Samarie, belles masses de rochers, bien découpées, séparées par des ravins profonds et sombres, revêtues de robustes forêts de chênes aux aspects alpestres : les aigles y planent en grand nombre, les ours et les sangliers habitent leurs retraites comme au temps d'Élie et d'Élisée.

La plaine d'Esdrelon marque les limites de la Galilée ; de Djénin à Samarie, où une douzaine de cabanes en pierres sèches et les ruines d'une belle église romane gardent seules le souvenir de la capitale d'Israël, nous cheminons dans des montagnes solitaires ; n'étaient les plantations d'oliviers, rien n'en viendrait sauver la nudité.

Il n'est que la misère pour donner du prix aux pauvres choses : cet arbre au feuillage glauque et terne, qui ennuie et attriste dans nos pays accoutumés aux profusions de la verdure, devient ici, en l'absence d'autre végétation rivale, une gaieté et une parure inappréciables. Nous sommes en décembre, c'est le mois de la récolte ; des enfants aux trois quarts nus, perchés sur les branches, font pleuvoir les olives dans les couffes de paille que des femmes, droites et cambrées dans leurs chemises de cotonnade bleue, leur tendent avec des poses d'une noblesse incomparable. L'âme, qui vague en quête de pensées dans cet horizon vide, se reporte naturellement aux souvenirs du pays, aux scènes familières de la *cueillette* dans les champs aimés de la Provence ; elle se prend à rêver de trouver le soir à l'étape le *calendau*, la bûche de Noël. emplissant de sa flambée superbe l'âtre et là grande salle où le nougat affriolant attend les ramasseuses revenues des pressoirs.

Une descente nous conduit, par une brusque transition, dans la vallée étroite et ombreuse, toute plantée de beaux arbres et de vergers, égayée par les fraîches chansons d'un ruisseau qui aboutit à Naplouse, entre les contreforts des monts Ebal et Garizim. Nous campons dans un jardin, sous un dais de vénérables oliviers, sans apercevoir la ville, située en contre-haut dans les arbres, à l'étranglement du col que forment en se rejoignant les pentes des deux montagnes.

Nous redescendons dans le col où s'abrite Naplouse, et nous entrons par une massive porte voûtée dans la ville, assez considérable pour la Palestine, d'environ 8,000 âmes. De grandes et hautes maisons à plusieurs étages se serrent les unes contre les autres et surplombent les deux ou trois principales rues ; les autres sont un dédale obscur et inextricable, disparaissant sous des voûtes sombres surbaissées, voies souterraines d'aspect fort original. C'est en nous glissant dans ces couloirs ténébreux que nous arrivons à la synagogue samaritaine, la grande curiosité de Naplouse.

Par elle-même, cette synagogue n'a rien de remarquable : c'est une salle assez petite, blanchie à la chaux, ornée de quatre ou cinq lampes de verre et de quelques tapis ; mais on y montre le fameux *Pentateuque* samaritain, contemporain du schisme, à en croire ses lecteurs. Ce patriarche des livres est un vénérable volume de parchemin, enroulé sur lui-même comme ceux des anciens, plié dans une précieuse étoffe de soie, enfermé dans une boîte de métal curieusement niellée, et couvert de caractères bizarres ; ils appartiennent à un des anciens alphabets qui ont tour à tour servi de signes à la langue hébraïque et au dialecte samaritain. En réalité, cette copie d'un texte antérieur à Jésus-Christ remonte aux premiers siècles de notre ère : peu de manuscrits pourraient produire de pareils quartiers. A côté de la synagogue, dans une petite cave encombrée de livres, habite l'âme de ce lieu, le Quasimodo de ce temple, le pontife de la religion samaritaine. Ce beau vieillard, à opulente barbe blanche, vêtu d'une riche robe de soie jaune sous la lévite de lin que les fidèles endossent avant de prier, est accroupi sur un divan dans son antre et psalmodie le livre saint ; il ferait un superbe pendant au vieux Turc que nous avons aperçu lisant le Coran, dans une maison de Damas. Il faut venir en Orient

SILOUM, JADIS SILO.

pour retrouver de ces fantastiques Rembrandt en chair et en os.

A la sortie de la ville ainsi qu'à l'entrée, une foule lamentable et hideuse nous demande l'aumône en nous tendant des mains déformées : ce sont les lépreux. L'horrible maladie biblique s'est perpétuée à Naplouse, à Jérusalem, dans deux ou trois villes de Palestine. Comme dans l'ancienne loi, ces pauvres réprouvés errent à la porte des cités, parqués dans des huttes maudites et vivant de charité. Un d'entre eux, un vieillard blanchi et tout rongé par la terrible contagion, tient sur ses genoux une adorable petite fille de six à huit ans. On sait que la lèpre épargne l'enfant et ne se déclare chez lui qu'à son adolescence. C'est un tableau triste à pleurer quand on pense à ce que sera dans dix ans cette ravissante créature. Je remets à l'enfant une piécette d'argent; ses grands yeux, que voilera bientôt une taie sanglante, brillent de plaisir; elle court toute joyeuse au vieil aveugle et frappe dans ses mains en lui criant : *Bakchich! Bakchich!* Et de sauter et de sourire, ignorante et insouciante de l'affreux avenir qui pèse sur elle. Le vieillard, lui aussi, en reprenant sa fille dans ses bras étiques, retrouve un triste sourire sur sa face convulsée, où deux ulcères remplacent les yeux absents.

Il faut deux petites journées de Naplouse pour gagner Jérusalem à travers les montagnes de Judée. Plus on approche, plus la solitude se fait funèbre et lamentable; il semble qu'une puissance intelligente veuille par de pareils spectacles préparer l'âme au recueillement et à la tristesse. Enfin notre guide nous montre un dernier col de la chaîne. « El-Quouds, El-Quouds, » nous dit-il. C'est le nom arabe de Jérusalem. Il me prend un frisson d'impatience et d'émotion. Je lance mon cheval à toute bride dans les pierres trébuchantes en fouillant des éperons les flancs de la pauvre bête; pantelante et épuisée, elle vient s'arrêter d'elle-même sur la crête.

Au-dessous de moi, dans un entonnoir formé par les montagnes, un plateau inégal, mais régulièrement incliné du sud-ouest au nord-est, descend des hauteurs qui courent vers Jaffa jusqu'au fond du ravin de Cédron et se redresse brusquement par une colline, qui est le mont des Oliviers; il va mourir au sud, dans la gorge d'Hinnôm, qui coupe à angle droit celle du Cédron ou de Josaphat. Au delà, le mont du Scandale se rattache aux élévations de terrain qui bornent l'horizon. Pas d'eau, pas de végétation, aucune trace de vie dans ces vallées poussiéreuses et consternées; seul, le mont des Oliviers arrête le regard par quelques taches de verdure pâle et sobre, comme il convient à un cimetière. Dans le triangle compris entre les deux ravins, sur les pentes abruptes et les petits monticules du plateau, une ville assombrie, terne et singulière, relevée par quelques dômes noirs, apparaît distinctement dans son enceinte de hautes murailles. L'œil y discerne tout d'abord une large coupole, isolée au milieu d'une plate-forme vide, surplombant le ravin de l'est : c'est la mosquée d'Omar, l'ancien temple, sur le Moriah. Plus haut, deux dômes inégaux tranchent sur l'uniformité des toits en terrasse : c'est le Saint Sépulcre. A l'extrémité ouest, sur les hauteurs du mont Sion, la tour massive de David domine l'enceinte.

Notre petite troupe me rejoint et s'arrête, elle aussi, avec un même cri, comme les guerriers du Tasse :

Gerusalemme unanimi salutano.

Nous descendons la colline et rejoignons à la porte de Damas les murailles, que nous contournons pour aller camper dans un champ contre la route de Jaffa. Je dois confesser ici, pour être véridique, que de rudes désillusions attendent le pélerin dans ce faubourg. Sa tente est adossée au « Café du Jourdain », où des Grecs jouent au billard et discutent bruyamment la politique locale. Il ne faut rien moins, pour lui faire oublier ce dur rappel au temps présent, que le passage des fidèles venus de tous les points cardinaux : des moujiks descendant de l'hospice russe et traînant au Saint Sépulcre leurs longues lévites, des lépreux se lamentant en chœur aux portes de la ville.

Nous nous acheminons vers Bethléem, distant d'une heure de Jérusalem. La route qui nous conduit du village de la Nativité au couvent grec de Mâr-Saba, où nous allons coucher, est d'une étrangeté lugubre qui annonce les approches de la terre et de la mer de malédiction. Elle court sur les montagnes de calcaire marneux, par des sentiers en corniche au flanc des précipices, et nous livre des échappées de vue plus étendues, à mesure que nous avançons, sur quelque coin du lac Asphaltite. De ce côté du bassin, le regard ne trouve devant lui jusqu'à l'horizon qu'une mer de sable pierreux figée dans quelque tempête terrestre, un chaos de montagnes sans ordre, sans plan, sans stratifications régulières, pyramides inégales épaulées au hasard les unes contre les autres. Ce paysage de vagues solidifiées donne la sensation invincible d'une formation en dehors des lois lentes et habituelles de groupement. Sur toute cette surface bouleversée, pas une place verte, pas un indice de vie végétale ou animale : le « passereau de la solitude » du Psalmiste y mourrait faute d'un brin d'herbe à dévorer. Les arides collines de Judée que nous avons traversées jusqu'ici, avec leurs chardons, leurs broussailles et leurs rares oliviers, étaient des vergers en comparaison des déserts de Mâr-Saba et d'Enggaddi. C'est la désolation à son dernier degré d'horreur et de majesté. Le soleil brûle ces mornes avec une telle violence, malgré la saison, que la lumière, cette seule joie des terres arides, y devient presque une souffrance. Ici l'on comprend toute la parole du psaume : *Solem fecit in potestatem diei*, il a donné au soleil puissance sur le jour. Pour toute distraction, nous apercevons dans un ravin

PUITS DE JACOB (BIR-AYOUB).

les tentes noires de la tribu des Bédouins Fellâhins, dignes habitants de ces sinistres domaines.

EL DJED, JADIS GABAON

De l'autre côté de la mer Morte, la ligne horizontale des montagnes transjordaniennes détache durement sur le ciel les arêtes rigoureusement nivelées de sa longue table. La chaîne se déroule comme un ruban sans fin sur le double fond bleu de l'eau et du ciel, qu'elle coupe par le bas et par le haut de deux traits parallèles tirés au crayon noir; rien ne ressemble à l'apparition, entre les deux calmes firmaments, de cette bande sombre, âpre, tourmentée, crispée par une main de colère, sillonnée de *wadis* et de fissures, se tordant désespérément entre les deux lignes inflexibles.

Au moment où ce singulier paysage acquiert toute son intensité d'horreur, les tours de Mâr-Saba surgissent dans une gorge au-dessous de nous. Comment rendre l'impression produite par l'apparition de l'étonnant monastère? Dans le ravin profond et tari du Cédron, entre deux hautes tours, restes de quelques forteresse romaine; derrière d'épais remparts, protection nécessaire contre les nomades, s'étage et s'accroche au roc, dont il ne se distingue pas par sa couleur, tout un monde de constructions sans suite : chapelles, chambres, corridors, escaliers, où la bâtisse de pierre s'interrompt sans cesse pour faire place à des grottes, à des cavernes, et reprend pour les continuer. On monte, on descend mille fois dans ce labyrinthe inégal, à travers des jardinets suspendus, des cellules creusées dans le rocher, où les moines sont nichés à diverses hauteurs, comme un vol de pigeons, des chapelles consacrées à de saints ermites, magnifiquement ornées de dons précieux et de vieux icones byzantins. Pas d'autre végétation dans cette vaste enceinte et dans tout son horizon que le célèbre palmier de saint Saba et deux à trois plants de grenadiers, venus à grand'peine dans quelques pouces de terre rapportée; partout la pierre, jaune quand le soleil l'illumine, blanche quand il disparaît, comme à cette heure. Entre les deux poternes étroites, aux lourdes portes de fer, qui donnent accès après de longs pourparlers dans la forteresse monacale, une source vive jaillit de cette roche brûlée et alimente le couvent par un miracle dû à la prière du saint fondateur, suivant les caloyers.

Nous nous accoudons sur la grande plate-forme pour embrasser l'ensemble. Devant nous, la montagne opposée, sauvage, déchirée, taillée à pic sur le lit toujours tari du Cédron, qui se creuse à plusieurs centaines de pieds en abîme; derrière nous, des terrasses, qui surplombent, sans que le regard puisse jamais rencontrer la dernière, jusqu'au sommet des tours. En levant les yeux, nous apercevons sur nos têtes, à chaque arête de rocher, des moines en prière, d'autres qui travaillent sur leurs portes ou donnent à manger à quelques oiseaux. On croit voir un de ces tableaux de vieux maîtres trécentistes qui rendent les scènes de la vie ascétique dans la Thébaïde.

***

Nous avons quitté au jour naissant la gorge de Mâr-Saba et le ravin du Cédron, bien nommé par les Arabes *Nahr-en-Nahr* (torrent du feu). Nous descendons du dernier plateau au bord du lac par le lit desséché d'un *wadi* où la verdure tente un suprême effort pour reparaître : des roseaux, des tamaris, des fougères en fleur d'une variété charmante, aux frissonnantes aigrettes blanches et roses, toutes pâles de sel, charment le regard déshabitué de ce luxe. Quelques perdrix rouges partent à tire-d'aile devant nous.

Nous perdons ici un des nôtres, entraîné à leur poursuite. C'est un de ces pauvres chiens errants qui pullulent dans les villes arabes et s'attachent parfois aux caravanes, alléchés par la réjouissante odeur du fourneau. Celui-ci s'était associé à nos destins à Naplouse : d'humeur aventureuse et d'esprit subtil, il avait sans doute longuement réfléchi sur les misères de son existence passée, comparées aux promesses éblouissantes de notre cantine, avant de prendre un de ces grands partis qui décident de toute une vie. Le matin de notre départ, il avait dit délibérément adieu à la rue natale, et depuis il suivait fidèlement ses maîtres d'adoption, payant nos soins chaque nuit par une garde vigilante. Nous l'avions baptisé du nom de Sichem en souvenir de la ville biblique, et nous tenions beaucoup à garder ce compagnon de hasard. Nous l'appelons en vain : égaré dans le *wadi*, le pauvre Sichem ne revient pas; il sera certainement mort de soif près des flots empoisonnés.

A quelques toises du bord, la végétation disparaît. La sérénité du ciel d'airain qui nous éclaire depuis Beyrouth s'est démentie pour la première fois : de lourds nuages courent sur toute la vallée, chassés par un vent violent, et nous crachent au visage des rafales de pluie âcre, pompée dans les vapeurs malsaines du lac. Une véritable tempête balaye le bassin, soulevant à grand'peine les flots pesants et glauques de l'étang de bitume, qui roulent les uns sur les autres une écume terreuse et rejettent à nos pieds les troncs d'arbres apportés par le Jourdain, calcinés et blanchis comme des squelettes végétaux. Derrière nous, une plage de sable, brillant d'une croûte salée et cristalline, court parallèlement au fleuve durant plusieurs kilomètres jusqu'au désert de Juda. Partout, dans la plaine et sur la montagne, le silence, l'absence de vie, la malédiction écrite sur ce coin de terre, je ne sais quoi de pesant, de lépreux, de formidable et d'unique. La Bible l'a bien nommée la « mer de la Solitude ».

Nous nous éloignons de ce théâtre extraordinaire des vengeances célestes pour aller retrouver au Jourdain des scènes plus douces. Le galop de nos chevaux nous porte en une heure, dans le sable aux efflorescences salines, jusqu'à un gué du fleuve, à quelques kilomètres en amont de son embouchure, où la tradition place le passage des Hébreux et le baptême de Jésus. Le Jourdain. qui serait une rivière de troisième grandeur chez nous, court dans une large tranchée sablonneuse, au milieu d'une oasis de roseaux. de joncs, de tamaris, de saules, de mimosas, d'arbustes aux feuilles élégantes et tendres dont le nom m'est inconnu. Il roule sur un lit peu profond une eau bourbeuse, attiédie et troublée dans les marais de Hulch et le lac de Tibériade, depuis la grotte de Banias. où nous l'avons bue à sa source glacée. Il a subi la loi de toute haute destinée, ce ruisseau de Dan que nous avons vu naître là-bas, au pied de l'Hermon, inconnu et sauvage, puisant son eau vierge aux nappes mystérieuses de la montagne. Depuis, il a traversé les mers et les campagnes, il s'est fait une histoire illustre et poétique et commande la vénération des hommes ; mais à ce prix le flot bleu qui reflétait les choses du ciel a perdu sa limpidité, il a ramassé dans sa gloire la vase et le limon. Cette boue jaunâtre et attristée, qu'il traîne à regret au gouffre où elle va disparaître, vaut-elle, toute fameuse qu'elle est, la jeune grâce et l'espoir de la source sous les platanes. qui se précipitait dans les vallées vers les horizons sans limites ?

Nous allons camper à une demi-lieue plus au nord, au bord de la fontaine d'Élisée. Dans ce site gracieux, une petite forêt en miniature d'acacias et d'arbustes épineux, que les Arabes appellent *doums* ou *nabkas*, masque d'un voile riant les solitudes de Juda et de Moab. Le ruisseau qui s'échappe d'un bassin naturel fait aussitôt sourire la verdure, les lianes et les herbes ; les mignonnes tourterelles de Syrie, au plumage gris cendré relevé d'un collier brun, l'emplissent de vie et de bruit; à la nuit qui monte dans le ciel, redevenu serein, les grillons et les rainettes se mettent à chanter entre les pierres humides et nous donnent l'illusion du printemps revenu.

Un bivouac de Fellâhins est pittoresquement placé derrière nous, sous les arches ruinées d'un aqueduc qui s'enlève en vigueur à la lueur de leurs foyers. Sur un ordre de notre cheik, une vingtaine de ces nomades viennent danser devant nos tentes le pas du sabre. Les hommes se tiennent par les bras avec des contorsions de hanches et fléchissent sur les jarrets en s'accompagnant d'éclats de voix gutturaux et monotones. Le coryphée brandit un large yatagan affilé et fait reculer ou avancer les danseurs en les menaçant de son arme suivant les figures. Pour nous faire honneur, il court sur nous et nous frôle le visage du fil de sa lame avec des gestes de sauvage : de longues dents blanches, des prunelles de fauve brillent seules dans le rire de cette face basanée, écrasée et bestiale comme celle d'un nègre. Avec ses postures féroces, sa physionomie qui trahit les instincts sanglants réveillés chez lui par ce

EIT-AOUR EL FOURA (BÉTHORON SUPÉRIEUR).

jeu, mon bédouin me rappelle l'esclave marocain de Regnault dans cette étrange toile qui a nom l'*Exécution à Tanger*.

Ce ballet improvisé en vaut bien un autre. Les hommes, uniformément drapés dans leurs grands manteaux striés de noir et de blanc, passent et repassent comme des ombres dans la flamme du feu de *doum* qu'ils ont allumé sur la colline. La lune éclaire un décor tel qu'aucune scène n'en montrera jamais, rendant toute leur valeur aux grandes lignes des plans successifs : le lac de verdure de Jéricho, les déserts de Juda et d'Engaddi, le mur sombre des montagnes de Moab fermant tout l'horizon du nord au sud, jusqu'à sa chute dans la mer Asphaltite, dont les reflets métalliques miroitent au loin par intervalles.

Je savoure délicieusement la poésie pénétrante de ces mœurs entrevues, de cette terre mystérieuse, en écoutant l'assourdissant vacarme des chacals rôdant par bandes invisibles dans les halliers de la source. Demain matin, tandis que nous monterons à cheval pour rentrer à Jérusalem, nos *moukres* rouleront nos tentes comme d'habitude, et ce sera pour la dernière fois.

***

Après quelques jours de repos à Jérusalem, nous nous laissons tenter par une excursion à Hébron. C'est une longue et fatigante traite de huit heures de cheval; mais nous devons bien cet hommage au tombeau d'Abraham. D'ailleurs, cette ville exerce sur l'imagination la double fascination du lointain dans le temps et dans l'espace : placée à l'extrémité de la Palestine et à la limite des solitudes arabiques, comme un port sur le désert, suffisamment préservée du touriste, elle se rattache aux souvenirs les plus reculés de l'histoire, aux premiers vagissements de l'humanité.

A la fin du jour, le paysage s'humanise, la vigne commence à ramper sur des terrasses étagées qu'elle étreint de ses mille bras crochus; des maisons se détachent sur le velours des orges naissantes; des clôtures et de beaux bouquets d'oliviers descendent jusqu'à la route. Des vrilles de fumée bleuâtre, perçant le fond du ciel envahi par les ombres du crépuscule, nous annoncent la vénérable Hébron, une des rares villes dont l'Écriture poursuit l'histoire jusque dans la nuit des temps fabuleux.

L'aïeule des cités juives n'a jamais pu se mettre au pas de la civilisation. En dehors de tout mouvement européen, à peine visitée de loin en loin par de rares pèlerins, elle a gardé une physionomie foncièrement orientale, c'est-à-dire, il faut bien se l'avouer, la saleté, la misère, l'absence de tout bien-être, de tout essor industriel. Assez considérable en apparence pour sa population de cinq à six mille âmes, elle se partage en trois quartiers, pittoresquement perchés sur trois collines adjacentes; du pied des minarets aigus qui pyramident sur ces sommets pendent des grappes de maisons grimpant les unes sur les autres, auxquelles l'absence de toits donne un aspect inachevé et abandonné.

Le seul monument d'Hébron est la mosquée qui renferme la grotte de Macphéla, tombeau d'Abraham et de ses premiers descendants. Cette attribution concorde rigoureusement avec les données, assez sommaires, il est vrai, fournies par la Bible. L'ancienne basilique, sœur de celles d'El-Aksa et de Bethléem, appropriée au culte musulman, est dérobée aux regards profanes par une enceinte rectangulaire de belles murailles de quinze à vingt mètres de haut, d'appareil hérodien comme les soubassements des murs de Jérusalem, à contreforts saillants et symétriques; mais le voyageur ne peut qu'en faire le tour et admirer dans la disposition de ces matériaux gigantesques un des plus beaux spécimens de cette période architecturale. Le fanatisme musulman ne permet à aucun chrétien l'entrée de la mosquée. Hébron est une ville sainte pour le mahométan qui révère *El-Khalil*, le patriarche hébreux, presque à l'égal du Prophète; même avec une autorisation du gouvernement turc, on s'exposerait à être mis en pièces par la population, si l'on essayait de pénétrer dans l'intérieur. Le prince de Galles, venu ici il y a quelques années avec un firman en règle, dut renoncer à s'en servir devant l'attitude menaçante des habitants.

On nous avait parlé des verreries d'Hébron, où se fabriquent tous les bracelets et les ornements des femmes de la Judée; nous trouvons dans une cave obscure des Arabes qui soufflent au moyen d'un outillage primitif ces grossiers bijoux, torsades de verre rouges, bleues et jaunes entrelacées. Ces hommes se servent certainement des mêmes procédés et des mêmes modèles qui leur furent apportés, il y a trois mille ans, par quelques ouvriers phéniciens de Tyr ou de Sidon. Une autre production d'Hébron est le « vin d'or », qu'on tire des vignes plantées en assez grand nombre sur ces coteaux : d'un beau ton de topaze brûlée et d'une saveur sèche assez agréable, il serait susceptible de devenir exquis avec quelques améliorations de culture et de fabrication; mais c'est évidemment encore la même liqueur qui surprit la raison trop confiante du patriarche Noé; préparé suivant la recette du premier vigneron, on le conserve dans ces grandes jarres de terre poreuse, vieilles comme la soif humaine.

Nous remontons à cheval et reprenons le chemin de Jérusalem, tandis qu'on abat nos tentes sur les *turbés* du cimetière où nous campions. Ces morts d'hier dorment déjà d'un sommeil aussi sûr et aussi profond que le vieil Abraham dans sa grotte. A mesure que nous nous éloignons, les tombeaux nous dérobent la ville et s'effacent eux-mêmes un par un : n'est-ce pas la frappante image de la vie? Des tombes, qui d'abord nous cachent toutes choses, qui bientôt restent en arrière, et que viennent sans cesse remplacer de nouvelles.

Nos moukres seraient fort étonnés sans doute des réflexions mélancoliques que nous inspire leur halte de prédilection.

La pluie nous surprend, et nous sommes tout heureux, en arrivant aux Vasques de Salomon, de trouver un grand feu allumé par les soldats turcs sous la voûte du Kalat-el-Borak, le « Château de l'Éclair ». C'est un khan abandonné, transformé en forteresse. qui garde la gorge des Réservoirs. Nous nous séchons au milieu des *zaptiés* (gendarmes) pittoresquement groupés, avec leurs armes et leurs guenilles, dans la clarté des flambées de broussailles qui lèchent les vielles ogives. Nous ne rentrons qu'à la nuit close à Jérusalem, par la porte de Jaffa. La prudente sentinelle nous ouvre la poterne après avoir aussi longuement parlementé que l'eût pu faire le guet de Saladin introduisant dans la place des hérauts de Richard Cœur de Lion et flairant quelque stratagème des Francs.

Vicomte E.-M. de Vogüé.

DANS LE DÉSERT.

www.ingramcontent.com/pod-product-compliance
Ingram Content Group UK Ltd.
Pitfield, Milton Keynes, MK11 3LW, UK
UKHW012307240726
13966UKWH00004B/1708